BEI GRIN MACHT SICH IHR WISSEN BEZAHLT

Bibliografische Information der Deutschen Nationalbibliothek:

Die Deutsche Bibliothek verzeichnet diese Publikation in der Deutschen National-bibliografie; detaillierte bibliografische Daten sind im Internet über http://dnb.d-nb.de/ abrufbar.

Impressum:

Copyright © 2020 GRIN Verlag
Druck und Bindung: Books on Demand GmbH, Norderstedt Germany
ISBN: 9783346179463

Dieses Buch bei GRIN:

https://www.grin.com/document/541536

Fabian Erkens

Cloud Productivity. Aufbau einer Collaboration-Plattform mittels Microsoft SharePoint

GRIN Verlag

GRIN - Your knowledge has value

Der GRIN Verlag publiziert seit 1998 wissenschaftliche Arbeiten von Studenten, Hochschullehrern und anderen Akademikern als eBook und gedrucktes Buch. Die Verlagswebsite www.grin.com ist die ideale Plattform zur Veröffentlichung von Hausarbeiten, Abschlussarbeiten, wissenschaftlichen Aufsätzen, Dissertationen und Fachbüchern.

Besuchen Sie uns im Internet:

http://www.grin.com/

http://www.facebook.com/grincom

http://www.twitter.com/grin_com

Seminararbeit im Rahmen des Studiengangs Wirtschaftsinformatik

(Bachelor of science)

Über das Thema

Cloud Productivity - Aufbau einer Collaboration-Plattform mittels Microsoft SharePoint

Autor(in):   Fabian Erkens

Inhaltsverzeichnis

III

Abbildungsverzeichnis

Abkürzungsverzeichnis

bspw.	Beispielsweise
evtl.	Eventuell
HTML	Hypertext Markup Language
IT	Informationstechnologie

1 Einleitung

Die Geschäftsführung der Mustermann GmbH stellt in Ihrem Unternehmen mittels des Jahresabschlussberichts des Controllings fest, dass sich Probleme aus mangelnde Zusammenarbeit und fehlender Kommunikation entwickeln. Aus dieser Thematik heraus entstehen finanzielle Kosten, die Sie in Zukunft vermindern möchten. Als mögliche Maßnahme wird die Implementierung eines Microsoft SharePoint in Erwägung gezogen, sodass ein gemeinsamer, digitaler Arbeitsraum geschaffen werden kann, wo ein nahtloses Zusammenarbeiten aller Mitarbeiter der Unternehmung möglich wird.

Dieser komplexe Sachverhalt stellt zunehmend mehr Firmen vor die Entscheidung, sich mit der eingesetzten Infrastruktur und den damit verbundenen Prozessen auseinander zu setzen, um die Effektivität und die Effizienz der Mitarbeiter zu verbessern.

Eine Möglichkeit diese Problematik anzugehen ist die Nutzung eines Microsoft SharePoint, eine Applikation, welche eine Vielzahl von Funktionen bietet. Von der Schaffung eines unternehmensweiten Intranets, der Gestaltung einer zentralisierten Anlaufstelle für das Firmen Know-How bis hin zu der Abbildung sämtlicher Geschäftsprozesse in einer Unternehmung kann diese Anwendung viele Geschäftsbereiche verbessern.

Im Zeitalter der Digitalisierung und des mobilen Arbeitsplatzes wird es zunehmend wichtiger, die Nutzdaten eines Unternehmens sinnvoll und strukturiert für die Mitarbeiter bereit zu stellen, besonders vor der konstanten und rasanten Zunahme an Geschäftsdaten. Im Jahr 2018 liegen bereits 33 Zettabyte an Daten global vor, wobei diese Angabe bis 2025 auf 175 Zettabyte prognostiziert wird und sich damit mehr als verfünffacht.[1]

Aus diesem Grund ist die Nutzung einer einheitlichen Struktur bei stetigen Wachstum des Datenbestandes unerlässlich für die Unternehmen.

Die vorliegende Seminararbeit soll den Mehrnutzen von SharePoint, der Enterprise Content Management Lösung der Firma Microsoft, näherbringen, vor allem in Bezug auf die elektronische Datenhaltung und der Verbesserung der Kollaboration innerhalb einer Unternehmung. Daraufhin werden Entwicklungsmöglichkeiten einer Kollaborationsplattform betrachtet. Dabei lautet die wesentliche Frage: Welche Potentiale lassen sich aus

---

[1] Vgl. https://www.iwd.de/artikel/datenmenge-explodiert-431851/, Zugriff am 01.02.2020.

Microsofts SharePoint erschließen und welche Geschäftsprozesse können mit dieser Anwendung optimiert werden? Abschließend erfolgt eine Schlussbetrachtung in der eine
kritische Würdigung, ein Fazit und die langfristigen Perspektiven der Nutzung von
Microsofts SharePoint dargestellt werden.

2 Grundlagen Microsoft SharePoint

Das folgende Kapitel stellt die Grundlagen eines Microsoft SharePoint in Hinblick auf
die SharePoint Architektur in der Online Version und die Implementierung des Produktes
dar. Im Zuge der Implementierung werden die Konfiguration sowie Sicherheitsaspekte
zusätzlich beleuchtet. Ferner werden die allgemeinen Anforderungen an eine Kollaborationsplattform beschrieben.

2.1 Architektur Microsoft SharePoint Online

Microsoft SharePoint ist initial im Jahr 2001 als SharePoint Portal Server vorgestellt worden und war als Dokumentenmanagementsystem im Produktportfolio von Microsoft an-
gesiedelt worden. In darauf folgenden Versionen ist der Produktumfang stark angewach-
sen, mit der Einführung der Business Productivity Online Suite erfolgte dann der Schritt
in die cloudbasierte Arbeitsumgebung, sodass im Zuge von Office 365 der SharePoint
Online Dienst 2012 der Öffentlichkeit zugänglich gemacht worden ist.[2] Der Ansatz des
Produktes bliebt jedoch über die Entwicklung hinweg der gleiche, der Nutzer und die
gesuchte Information sollte an der richtigen Stelle zusammengeführt werden.

Microsoft SharePoint Online ist eine cloudbasierte Umgebung des bereits vorhandenen
Produktes Microsoft SharePoint und ist lizenztechnisch an die Office 365 Infrastruktur
angegliedert. Dieser Dienst ist bei Microsoft gehostet und stellt eine Option zur lokalen
Installation von SharePoint dar. Microsoft SharePoint, im folgenden SharePoint genannt,
ist eine Zusammenstellung von Websites, die sich mit einem großen Funktionsumfang
gestalten lassen. Dieses System arbeitet mit Dokumentenbibliotheken, Datenbankanbin-
dungen und weiteren Applikationen, von Microsoft als Webparts bezeichnet, um eine
Zusammenarbeit auf Teambasis oder sogar unternehmensweit zu ermöglichen. Auch die

---

[2] Vgl. https://www.ismnet.com/sharepoints-progression-creating-perfect-balance-in-the-world/, Zugriff
14.02.2020.

Erstellung eigener Webparts ist für die Online Version dank eigenem Framework mög-lich. Hierzu Bedarf es Programmierfähigkeiten im Bereich der HTML und JavaScript Programmierung.[3]

Der Grundaufbau einer SharePoint Infrastruktur, unabhängig ob sie in der Cloud gehostet wird oder lokal auf einem Server installiert ist, lässt sich grob in drei Abschnitte gliedern. Auf der obersten Instanz findet man die Quelle der Infrastruktur, Sie stellt als Unterneh-mensseite den Einstieg, auch häufig aus Anwendersicht, in den SharePoint dar und bein-haltet neben einer Navigationsstruktur für die darunterliegenden Seiten auch oft einen Überblick über unternehmensweite Inhalte, wie den Unternehmensleitfaden oder bevor-stehende Events. Dadurch, dass man von dort aus in die darunterliegende Bereiche navi-gieren kann, handelt es sich hierbei um eine Websitesammlung. Dieser Begriff ist jedoch nicht nur dem Quellverzeichnis exklusiv vorbehalten, sondern kann immer dann verwen-det werden, wenn darunter mehrere Verzweigungen verfügbar sind. Dadurch stellt die Quellseite, auch Landingpage genannt, einen wichtigen Bestandteil einer SharePoint Inf-rastruktur dar.[4]

Auf der initialen Seite beruhend, kann man in tiefere Strukturen navigieren. Hierbei ist unternehmensspezifisch zu entscheiden, in welcher Form man seinen SharePoint gestal-ten möchte. Häufig wird das Unternehmensorganigramm genutzt um den tieferen Verlauf des Aufbaus der SharePoint Infrastruktur darzustellen. Neben den bereits beschriebenen Websitesammlungen gibt es die Teamwebseiten, sie stellen den Zusammenschluss inhalt-lich zusammengehörigen Informationen dar. Unter einer Unterwebseite können auch wei-tere Teamwebseiten erstellt werden, jedoch können hier auch einzelne Elemente zur Teamwebseite hinzugefügt werden. Diese Elemente werden von Microsoft als Webparts bezeichnet und sind vorgefertigte Baugruppen, die bestimmte Funktionalitäten zur Ver-fügung stellen. Die folgende Darstellung zeigt eine mögliche Strukturierung eines SharePoint und den Aufbau zwischen einer Websitesammlung und den darunter liegen-den Instanzen.

---

[3] Vgl. https://docs.microsoft.com/de-de/sharepoint/dev/spfx/sharepoint-framework-overview, Zugriff 02.02.2020.
[4] Vgl. https://support.office.com/de-de/article/anpassen-der-navigation-auf-ihrer-sharepoint-website-3cd61ae7-a9ed-4e1e-bf6d-4655f0bf25ca, Zugriff 02.02.2020.

Abbildung 1: Hierarchischer Aufbau der Infrastruktur

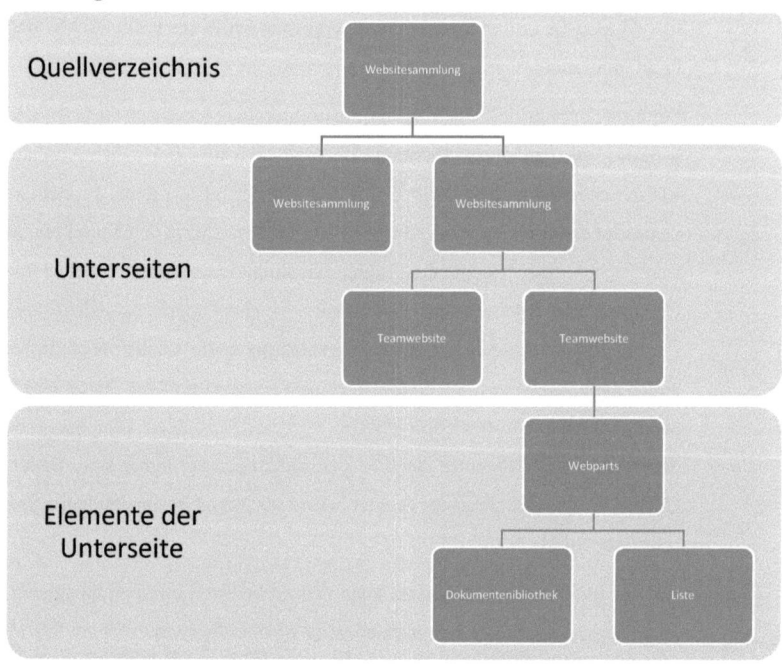

Quelle: In Anlehnung an *Grasekamp, D.*, SharePoint Hierarchie, 2011, S. 18.

Einer der wichtigsten Webparts ist die Dokumentenbibliothek, eine Zusammenstellung von Dateien, die auf den verschiedenen Strukturtiefen eingesetzt werden kann. Der Aufbau einer Dokumentenbibliothek ist mit dem eines klassischen Verzeichnisses zu vergleichen und kann in einer globaleren Ansicht auch mit dem eines Fileservers verglichen werden. Dabei geht der Funktionsumfang einer Dokumentenbibliothek weit über den der klassischen Verzeichnisstruktur hinaus. Neben der Anpassbarkeit der Darstellung können auch, nicht zuletzt des cloudbasierten Hostings geschuldet, diverse Anwendungen mit angebunden werden. Dadurch können einzelne Dateien, beispielsweise die einer Projektplanung, dort abgelegt werden und über den SharePoint dargestellt werden. Aus einer Dokumentenbibliothek heraus können Dateien auch unternehmensintern und -extern geteilt werden, sodass ein zeitgleiches Bearbeiten mehrerer Personen möglich ist. Hierbei sollte man das Limit von 99 Personen, die simultan ein Dokument bearbeiten können im Hinterkopf haben, ab einer Personenzahl von zehn Personen sind Performanz Rückgänge zu beobachten.[5] Neben der Dokumentenbibliothek ist das Webpart Liste nennenswert. Dieses Webpart stellt einen anderen Ansatz zur Aufbereitung von Informationen dar, hierrüber kann man neben der Anbindung einer Datenbank beispielsweise auch eine manuelle Datenerfassung betreiben. Durch das Einbinden einer externen Datenquelle sowie die Definierung zusätzlicher Metadaten können diese Inhalte den Usern angezeigt werden, ohne einen direkten Zugriff auf die eigentliche Datenquelle. Neben der Einbindung von externen Datenbanken können eine Reihe anderer Anwendungen in den SharePoint integriert werden. Beispiele hierfür kommen aus dem Bereich der Business Intelligence, des Customer Relationship Managements oder der vorhandenen Enterprise Resource Planning Software.[6]

Für die Lizensierung von SharePoint Online sieht Microsoft zwei unterschiedliche Pläne vor, die sowohl einzeln buchbar sind, sprich ohne weitere Applikationen, oder im Verbund mit anderen Anwendungen. Ein Beispiel für letzteres sind die Business Premium oder Enterprise Lizenzen, die den SharePoint Online Plan 1 oder SharePoint Online Plan 2 enthalten. Die Nutzung des SharePoint Online Plan 1 ermöglicht es nahezu alle Funktionen von SharePoint Online zu nutzen, der Unterschied zu Plan 2 liegt primär in der unternehmensweiten Suchfunktion sowie der Data Loss Prevention.[7] Beide Funktionen werden in den darauffolgenden Kapitel genauer beschrieben.

2.2   Implementierung eines Microsoft SharePoint

Der entscheidende Erfolgsfaktor bei der Implementierung ist die Analyse des gewünschten Einsatzgebietes sowie eine entsprechende Planung, die die Ziele und Anforderungen hinreichend beleuchtet.

Bei der Einführung eines Microsoft SharePoint kann man auf bewährte Vorgehensmodelle aus dem Projektmanagement zurück greifen. Das Wasserfallmodell bietet sich hier an, da ist im Grundgedanken eine sequenzielle Abfolge einzelner Tätigkeitsschritte beschreibt, denen eine Validation folgt. Erst nach erfolgreicher Prüfung wird zum nächsten

---

[5] Vgl. https://docs.microsoft.com/de-de/office365/servicedescriptions/sharepoint-online-service-description/sharepoint-online-limits, Zugriff am 02.02.2020.
[6] Vgl. https://support.office.com/en-us/article/introduction-to-external-data-676e60e7-d99f-463f-a173-65e9d63538c0#__toc353550780, Zugriff 19.02.2020.
[7] Vgl. https://products.office.com/de-de/sharepoint/compare-sharepoint-plans, Zugriff 16.02.2020.

Handlungsschritt übergegangen, sodass ein reibungsloser Übergang zum nächsten Pro-
jektschritt gewährleistet ist.[8] Die folgende Darstellung zeigt einen möglichen Verlauf für
die Umsetzung eines SharePoint Projektes.

Abbildung 2: Wasserfallmodell für den Projektablauf

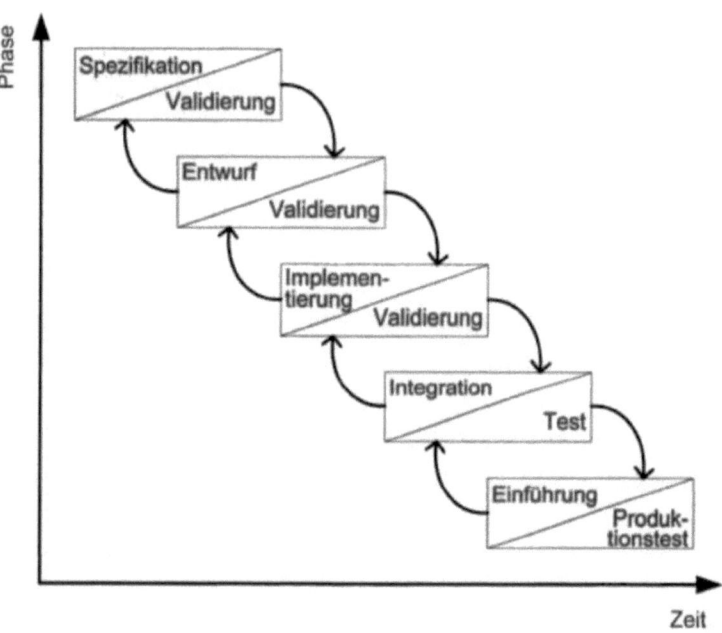

Quelle: *Ruf, W., Fittkau, T.*, Ganzheitliches IT-Projektmanagement, 2008, S. 31

Zu Beginn eines SharePoint Projektes empfiehlt es sich, die Ist-Situation, mit Schwer-
punkt auf den bestehenden Schwachstellen, zu beschreiben und die Spezifikationen, die
an die Anwendung gestellt werden, festzuhalten und zu analysieren. Häufig sind bereits
Softwarelösungen oder Prozessabläufe im Einsatz, vor diesem Hintergrund muss geklärt
werden, ob eine Migration möglich ist. Sobald die Anforderungen an den SharePoint an
klar definiert sind, kann ein Entwurf der fertigen Infrastruktur erstellt werden. Während
dieser Tätigkeit finden häufig Änderungen an den beschriebenen Spezifikationen statt, da
der Entwurf Probleme hervorbringt, die oftmals in der Spezifikation nicht berücksichtigt

---

[8] Vgl. *Ruf, W., Fittkau, T.*, IT-Projektmanagement, 2008, S. 31 ff.

worden sind. Mit der Validierung des Entwurfes können die Arbeiten der Implementierungsphase beginnen. Dieser Abschnitt nimmt zeitlich gesehen den größten Baustein des Projektes ein. Hier kann zusätzlich zwischen der Einrichtung als solches und der Parametrisierung unterschieden werden. Zum einen gilt es den SharePoint aufzubauen, die Nutzerberechtigungen zu definieren, Sicherheitsmechanismen zu konfigurieren oder die Schnittstellen zu angrenzender Unternehmenssoftware zu implementieren. Das Rechtemanagement und die Sicherheitsaspekte werden im folgenden Kapitel genauer beschrieben. Auf der anderen Seite finden graphische Arbeiten am SharePoint statt, wo beispielsweise das Corporate Design des Unternehmens in den SharePoint einfließen kann.

Bevor man die Infrastruktur unternehmensweit ausrollen kann, findet in der Integrationsphase ein Testbetrieb durch eine Auswahl an Key Usern statt, sodass Nachbesserungen und Optimierungen am System durchgeführt werden können. Dadurch kann die Benutzerakzeptanz nachhaltig gesteigert werden. Ist auch dieser Schritt abgeschlossen muss erwogen werden, ob die Gesamtzahl oder Teilgruppen der Nutzer Training im Umgang mit der neuen Infrastruktur benötigt. Gerade die späteren Administratoren und Seitenadministratoren sollten unterwiesen werden, sodass Problematiken mit dem Umgang, dem Rechtemanagement oder der allgemeinen Nutzung reduziert werden können.[9] Mit dem offiziellen Rollout ist die Einführungsphase nicht beendet, denn erst nach einem umfassenden Produkttest aller Nutzergruppen kann ein Abschluss der Einführung eines SharePoint Projektes stattfinden. Jedoch ist ein nachhaltiger Support und eine stetige Optimierung des SharePoint nötig. Durch Microsoft werden konstant Updates, die den Nutzungsumfang erweitern, Sicherheitsfeatures und allgemeine Änderungen an SharePoint Online vorgenommen.

2.3 Rechtemanagement, Sicherheit und Compliance

Ein wesentlicher Bestandteil bei der Umsetzung eines SharePoint Projektes ist die Planung des Rechtemanagements, da fehlerhafte oder unüberlegte Konfiguration oft erst später auffällt und eine Änderung im Nachgang mit einem größeren Administrationsaufwand einhergeht.

Grundsätzlich ist die Rechtevergabe, dank Vererbung auf die darunterliegenden Webseiten, einfach zu gestalten. Häufig sieht die Praxis jedoch anders aus, so müssen Nutzer

---

[9] Vgl. https://www.scnsoft.com/blog/sharepoint-implementation-guide, Zugriff 02.02.2020.

oder Nutzergruppen auf Elemente zugreifen, die in einer anderen Bibliothek liegen, dadurch wird die Vererbungslinie unterbrochen und sie muss manuell gepflegt werden. Dadurch empfiehlt es sich, das Berechtigungskonzept auf Webseitenbasis zu konzipieren um den Verwaltungsapparat möglichst kosteneffizient zu gestalten. Hierbei gilt es vier Berechtigungsstufen zu unterscheiden. Angefangen mit der geringsten Berechtigung, dem Leserecht, was dem Nutzer ein Lesen auf dem SharePoint ermöglicht, zusätzlich kann er die Datei auch herunterladen und bearbeiten, ein erneutes hochladen ist daraufhin jedoch nicht mehr möglich. Soll dies möglich sein, ist die Berechtigungsstufe „Mitwirken" zu wählen. Sollen darüber hinaus auch tiefergehende Berechtigungen vorhanden sein, wie das Ändern von Listen oder das Anpassen von Metadaten, befindet man sich in der Berechtigungsstruktur „Entwerfen". Die oberste Berechtigungsstufe ist der Vollzugriff auf die Daten, ein Recht, das dem Webseitenadministrator vorbehalten ist. Dadurch ist es auch möglich, visuelle Änderungen an der jeweiligen Seite vorzunehmen.[10] Ein SharePoint ist auf eine aktuelle Datenhaltung angewiesen, daher sollten die Berechtigungen administrativer Natur im Bereich der IT-Verantwortlichen liegen, jedoch sollten die Rechte für die Erstellung von Inhalten an die Mitarbeiter und Abteilungsleiter übergeben werden. Ein Berechtigungskonzept sollte auf Gruppen aufbauen, dadurch ist eine Organisation der Zugriffsrechte überschaubar abzubilden.

Die Sicherheitsanforderung, die an einen SharePoint Online gestellt werden sind hoch, da dort unter anderem hochsensible Firmendaten und -geheimnisse liegen. Solche Daten können als Pendant zum erwirtschafteten Kapital gesehen werden, denn aus einer in 2018 veröffentlichen Studie von dem Marktforschungsinstitut Vanson Bourne geht hervor, dass 25 % des Datenbestandes in direkter Relation zu Gewinnerzielungsabsichten stehen.[11] Um diesen Anforderungen gerecht zu werden wartet Microsoft mit einer Vielzahl von Features auf. Mit dem Information Rights Management ist es möglich, Dateien aus den unterschiedlichen Webparts zu verschlüsseln und den Zugriff auf diese granular zu bestimmen. So kann ein User zwar die Berechtigung der Vervielfältigung der Datei besitzen, aber der Zugriff auf die Datei oder die Entschlüsselung selbst ist nur für einen

---

[10] Vgl. https://sharepoint360.de/grundlagen-sharepoint-berechtigungen-7-%C3%9Cberblick-%C3%BCber-einsatzzweck-mglichkeiten-und-beschrnkungen/, Zugriff 12.02.2020.
[11] Vgl. https://www.delltechnologies.com/content/dam/uwaem/production-design-assets/en/gdpi/assets/infographics/country/dp_inf_gdpi_infographic_germany_de.pdf, Zugriff 12.02.2020.

definierten Personenkreis möglich.[12] Erwähnenswert ist hier die Kombinationsmöglichkeit mit der Data Loss Prevention, einem Sicherheitsfeature, welches es dem Administrator ermöglicht Datenfreigaben rückwirkend zu deaktivieren. Der regelbasierte Sicherheitsmechanismus ist jedoch, wie viele anderen Sicherheitsaspekte, standardmäßig nicht konfiguriert und muss durch den Administrator eingerichtet werden.[13] Die meisten Sicherheitseinstellungen sind nicht im SharePoint Online eigenständig zu konfigurieren, vielmehr finden die Verwaltung und Administration über das Office 365 Admin Center statt. Zusätzliche Funktionen, die spezifisch für den SharePoint gedacht sind, können über ein zusätzliches Menü, dem SharePoint Admin Center, konfiguriert werden.[14]

Ein weitere Möglichkeit Compliance im SharePoint zu verankern, ist die Einrichtung von Aufbewahrungsrichtlinien, hierzu gibt es neben den gesetzlich geltenden auch unternehmensspezifische Aufbewahrungsrichtlinien. Die Erstellung der Aufbewahrungsrichtlinien findet regelbasierend statt, sodass man neben der Auswahl, wie lange ein Dokument aufbewahrt werden soll, auch den Ort definieren kann, aus dem die Daten für die separate Speicherung bezogen werden sollen.[15] Die Einstellung kann beispielsweise eine Personalabteilung nutzen, um Bewerbungen nach sechs Monaten automatisch zu löschen. Ein häufiger Irrtum, der im Zusammenhang mit Aufbewahrungsrichtlinien aufkommt, ist die rechtskonforme Ablage von Steuer- und Buchhaltungsdokumenten. Diese unterliegen separaten Rechtsvorschriften, wie den „Grundsätze zum Datenzugriff und zur Prüfbarkeit digitaler Unterlagen" oder den „Grundsätze zur ordnungsmäßigen Führung und Aufbewahrung von Büchern, Aufzeichnungen und Unterlagen in elektronischer Form sowie zum Datenzugriff". Hier ist eine revisionssichere Archivierung nötig, die mit SharePoint Online zum jetzigen Stand nicht rechtskonform abgebildet werden kann.

3 Analyse der Potentiale

Der folgende Abschnitt beleuchtet die Entwicklungsmöglichkeiten einer gemeinsamen Arbeitsumgebung in Hinblick auf die Chancen und Risiken. Des Weiteren wird die

---

[12] Vgl. https://docs.microsoft.com/de-de/microsoft-365/compliance/set-up-irm-in-sp-admin-center, Zugriff 12.02.2020.
[13] Vgl. https://docs.microsoft.com/de-de/microsoft-365/enterprise/infoprotect-data-loss-prevention, Zugriff 12.02.2020.
[14] Vgl. https://docs.microsoft.com/de-de/sharepoint/get-started-new-admin-center, Zugriff 18.02.2020.
[15] Vgl. https://docs.microsoft.com/de-de/microsoft-365/compliance/retention-policies, Zugriff 18.02.2020.

Cloudfähigkeit des Produktes kritisch betrachtet, um eine differenzierte Betrachtung zu schaffen.

3.1 Chancen und Nutzen einer Kollaborationsplattform

Der Kernnutzen einer Kollaborationslösung ist das Zusammenbringen zwischen Information und Nutzer. Jeder Nutzer oder Mitarbeiter muss auf das Wissen der Firma, deren Daten oder deren Prozesse zugreifen. Dadurch ist es unerlässlich, diese Anforderung bestmöglich zu realisieren. Durch eine ideale Verzahnung der Anforderung an Kommunikation, Kooperation und Koordination ist der Ansatz der kollaborativen Arbeit zu erreichen. Die folgende Grafik soll die unterschiedlichen Aufgabenfelder verdeutlichen.

Abbildung 3: Anforderungen an kollaboratives Arbeiten

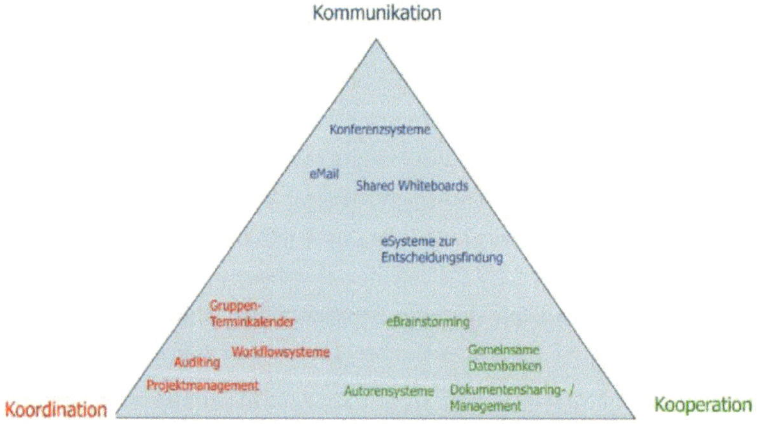

Kommunikation

Konferenzsysteme

eMail   Shared Whiteboards

eSysteme zur
Entscheidungsfindung

Gruppen-
Terminkalender   eBrainstorming

Auditing   Workflowsysteme   Gemeinsame
                                       Datenbanken
Projektmanagement
                    Autorensysteme   Dokumentensharing- /
                                      Management

Koordination   Kooperation

Quelle: *Paulke, S., Simons, S., Steimel, B.,* Team Collaboration, 2008, S.15

Microsoft bedient diese Thematik mit seinem Produktportfolio bzw. mit SharePoint. Ein Nutzen, der mit der Zentralisierung der Unternehmensdatenstruktur einhergeht, ist die Sicherstellung der Integrität des Datenbestandes. Durch das gemeinsame Arbeiten aus einer Quelle, kann die Dopplung oder der Verlust von Daten reduziert werden. Mit der Bearbeitung einer Datei im SharePoint wird eine Versionierung erstellt, sodass zu jedem Zeitpunkt auf einen vorangegangenen Bearbeitungsstand zurückgegangen werden kann. Unteranderem können hierzu Richtlinien definiert werden, die das Löschen von Daten unterbinden können, hierbei ist zu differenzieren auf welchen Datenstamm dies angewendet werden soll.[16] Jedoch können solche Datenverluste auch ohne das direkte Einwirken der Nutzer stattfinden, beispielsweise durch Systemausfall und dem daraus resultierenden Verlust von Daten. Laut der 2018 erstellten Studie von Vanson Bourne hatten in Deutschland in den vergangenen zwölf Monaten, betrachtend vom Veröffentlichungszeitpunkt, 48 % Prozent der befragten Unternehmen ungeplante Ausfallzeiten der Datenspeicherung. Zusätzlich hatten 32 % der Unternehmen Datenverluste zu verzeichnen, bei dem sich die Kosten in Millionenhöhe belaufen.[17] Diese Kosten können durch eine cloud- und richtlinienbasierte Speicherlösung verringert werden, da Microsoft eine Vielzahl an georedundanten Rechenzentren vorhält.

Ein weiterer Nutzen ist die Abbildungsmöglichkeit von Arbeitsprozessen über den SharePoint. Mittels programmierbaren Workflows können, beispielsweise Beantragungsverfahren, Onboarding Prozesse oder allgemeine Unternehmensprozesse, abgebildet werden. Die Reaktionsgeschwindigkeit und Bearbeitungszeit kann dadurch maßgeblich verbessert werden, wodurch sich auch finanzielle Optimierungen erzielen lassen.[18]

Eine Funktion, die seit der Einführung von Microsoft SharePoint 2010 enthalten ist, ist das Multi-User Co-Authoring, welches den Nutzer ermöglicht, zeitgleich in Echtzeit an dem identischen Dokument zu arbeiten. Durch eine farbliche Absetzung des Cursors, wird die jeweilige Position des Nutzer gekennzeichnet. Ferner ist eine Möglichkeit enthalten, auch während der Bearbeitung im Dokument eine Chatfunktion zu nutzen, die das gemeinsame Arbeiten stark verbessert, da die Nutzer kurzfristig untereinander in Kontakt treten können.[19] Gerade in Arbeitsbereichen, in denen die Mitarbeiter ortsungebunden auf Daten zugreifen müssen, kann SharePoint seine Stärken ausspielen.

Eine zunächst augenscheinlich mäßig bedeutende Funktion, ist die Volltextsuche SharePoint weit. Alle Inhalte im SharePoint werden im Volltext indiziert, das heißt, alle

---

[16] Vgl. https://www.engelsinfo.de/downloads/SP2010_10Vorteile.pdf, Zugriff 04.02.2020.

[17] Vgl. https://www.delltechnologies.com/content/dam/uwaem/production-design-assets/en/gdpi/assets/infographics/country/dp_inf_gdpi_infographic_germany_de.pdf, Zugriff 04.02.2020.

[18] Vgl. https://support.office.com/de-de/article/einf%C3%BChrung-in-den-sharepoint-workflow-07982276-54e8-4e17-8699-5056eff4d9e3#bm1, Zugriff 04.02.2020.

[19] Vgl. https://opus.hs-offenburg.de/frontdoor/deliver/index/docId/149/file/Masterthesis_Christoph_Rauhoeft_173206.pdf, Zugriff 04.02.2020.

Inhalte, die im SharePoint abgelegt oder verknüpft sind werden in den Suchanfragen berücksichtigt. Die Suche beinhaltet neben den klassischen Office Dateien, wie Word, Excel oder PowerPoint, auch die Newsfeed Webparts oder Kalender Webparts. Um die Suche weiter zu definieren steht eine Vielzahl von Filteroptionen zur Verfügung, sodass beispielsweise nach Änderungsdaten, Autoren oder Themengebieten selektiert werden kann. Dadurch kann SharePoint zur Anlaufstelle für alle Suchanfragen im Unternehmen werden.[20]

3.2 Risiken und Nachteile einer cloudbasierten Kollaborationsplattform

Um eine differenzierte Betrachtungsweise für die Nutzung von Microsoft SharePoint Online zu erlangen, ist es nötig, die möglichen Risiken einer Cloud gestützten Enterprise Content Management Lösung zu beleuchten.

Die präsenteste Hemmschwelle für die Nutzung von SharePoint Online ist die Einrichtung und Migration dorthin. Der initiale Aufwand zur Implementierung bis hin zum Rollout nimmt viel Planungszeit mit sich um muss gut projektiert sein, denn ohne Kenntnisse der Webgestaltung, Programmierfähigkeiten oder die Kompetenz Unternehmensprozesse zu analysieren und abzubilden, ist ein erfolgreicher Einsatz nicht möglich. Aus diesem Grund greifen viele Unternehmen auf externe Dienstleister zu, was hohe Kosten verursachen kann.[21] Eine genaue Planung ist, wie eingangs erwähnt, unerlässlich, da viele Risiken durch eine adäquate Planung vermeidbar sind. Gerade im Bereich des Rechtemanagements, den Sicherheitseinstellungen und der Compliance ist es von besonderer Bedeutung, die weitereichenden Konfigurationen zu kennen und einzusetzen.

Ein großer Nachteil, der in den Köpfen der Entscheidungsträger vorherrscht, ist die Auslagerung der unternehmenseigenen Daten an die Firma Microsoft. Damit gibt man die Betriebssicherheit aus der Hand, denn man ist von externen Faktoren abhängig. Angefangen bei der Notwendigkeit eine konstante Internetverbindung vorzuhalten, die zusätzlich auch performant genug ist. Sollte dies zu einem Zeitpunkt nicht der Fall sein oder die Internetverbindung ist gänzlich nicht vorhanden, ist der Zugriff auf die Daten nicht möglich. Dadurch entstehen Ausfallzeit, die sich in Kosten niederschlagen.

---

[20] Vgl. *Catrinescu, V. und Seward, T.*, Deploying SharePoint 2019, 2019, S. 151 ff.
[21] Vgl. https://www.wintotal.de/fuer-wen-eignet-sich-microsoft-sharepoint/, Zugriff 09.02.2020.

Die Umstellung von der bisherigen Struktur auf einen SharePoint kann ebenfalls negative Erscheinungen mit sich bringen. So ist der Hauptkontaktpunkt zwischen der eigenen Unternehmung und des SharePoint der User. Dieser muss sich in seiner bisherigen Arbeitsweise umgewöhnen und neue Arbeitsmethoden erlernen und annehmen. Dieser Punkt scheint zunächst nicht gravierend, jedoch bringt die Umstellung unter Umständen personelle Aufwände und Schulungskosten mit sich.[22] Ferner muss im Vorfeld analysiert werden, ob eine Umstellung zu SharePoint Online möglich ist. Oft können die bestehenden Strukturen eines Unternehmens nicht eins zu eins übernommen werden, so können beispielsweise evtl. nicht alle Prozesse mit der cloudbasierten Lösung abgebildet werden oder die technische Umstellung ist nicht ohne weiteres zu vollziehen. So laufen viele Geschäftsanwendung für den Datenaustausch mit dem Open Data Protokoll, dieses wird von SharePoint Online nicht unterstützt. Ebenfalls fehlen der Online Version von SharePoint im Vergleich zu den On Premise bestehenden Versionen einige Funktionen, die nur nach und nach den Weg in die Cloudlösung finden. Ein Beispiel hierfür ist die fehlende Möglichkeit auf den SharePoint Designer zurück zu greifen. Der SharePoint Designer ist ein zusätzliches Tool, welches tiefgreifende Änderungen an Webseiten vornehmen kann, auch können hierüber Java Script Elemente eingebaut werden.[23] Dadurch ist die Migration von hoch individualisierten On Premise SharePoint Umgebungen nicht ohne weiteres in den Cloudableger möglich. Ein weiteres Defizit ist nach anhaltende Updatezwang, der von Microsoft auf seine Kunden ausgeübt wird, so werden nicht nur Sicherheitsupdates, sondern auch Funktionsänderungen eingespielt. Der teils kurze Vorlauf erhöht dadurch das Risiko in Inkompatibilitäten zu geraten, welche im drastischsten Fall zu Ausfällen einzelner Module führen kann.[24]

Ein Aspekt, der durch jüngst vergangene Nachrichten erwähnenswert ist, sind die politischen Einflüsse des Landes, die den Service und die Infrastruktur zu Microsoft SharePoint Online, sowie diverse andere Microsoft-Dienste, wie Office 365, zu Verfügung stellt. Durch Sanktionen, die die Regierung der Vereinigten Staaten von Amerika mittels der Executive Order 13884, gegenüber dem Land Venezuela erhoben haben, sah

---

[22] Vgl. https://www.sharepoint-schwabe.de/explorer-ansicht-vorteile-und-nachteile/, Zugriff 09.02.2020.
[23] Vgl. https://support.office.com/de-de/article/verwenden-des-code-ausschnitt-webparts-d16d5aac-3e43-4d4d-aef3-d0ddbca64c05, Zugriff 09.02.2020.
[24] Vgl. https://www.softwareone.com/de-de/blog/artikel/2017/09/15/sharepoint-online-und-on-premises-im-vergleich, Zugriff 10.02.2020.

sich eine amerikanische Firma, Adobe Inc., dazu gezwungen, alle Softwaredienste einzustellen.[25] Letzten Endes sind die Abkündigungen der Dienste nicht vollzogen worden, aber der Einfluss der Länder, die Software as a Service zur Verfügung stellt, ist zu berücksichtigen.

4 Schlussbetrachtung

Im folgenden Abschnitt wird in Hinblick auf die gewonnenen Erkenntnisse ein abschließendes Resümee gezogen. Des Weiteren wird der Einsatz eines Microsoft SharePoint Online, kritisch betrachtet, beschrieben.

4.1 Kritische Würdigung

In vielen Hinsichten scheinen die Vorteile eines cloudbasierten SharePoint zu überwiegen, jedoch reichen diese für eine differenzierte Entscheidung, ob ein solches System implementiert werden soll, nicht aus. In die Entscheidungsfindung fließen diverse Aspekte ein, neben kostenorientierten Ansätzen gilt es zu klären, ob ein SharePoint den gewünschten Funktionsumfang abbilden kann.

Um den Einsatz eines SharePoint in einem Unternehmen zu klären bedarf es einer detaillierten Planung, die, unabhängig davon, ob sie intern oder durch Externe vollzogen wird, recht kostenintensiv ist. Ferner ist die Erschließung der Nutzungspotentiale essentiell wichtig, da der Mehrnutzen den Nutzerakzeptanz gegenüber steht.

4.2 Fazit und Ausblicke

Die Nutzung eines Microsoft SharePoint Online bietet viele Vorteile, die die Arbeitsweisen des Einzelnen sowie die, der gesamten Unternehmung im Digitalisierungszeitalter nachhaltig verbessern können. Microsoft richtet seine aktuelle Firmenpolitik stark Richtung kollaborativer Arbeit in einer Cloudumgebung aus, sodass die Produktpalette sich in diese Richtung weiter entwickeln wird. Des Weiteren agiert Microsoft in allen Sparten, nicht nur der von SharePoint, weg von On Premise Lösungen, sodass der Fokus weiter auf Cloud gerichtet wird. Die lokalen Lösungen werden auch in den nächsten Jahren verfügbar sein, jedoch sind die Absichten, alle Nutzer in die Cloud zu bringen, klar seitens

---

[25] Vgl. https://www.heise.de/ct/artikel/Adobe-drohte-die-Abschaltung-seiner-Creative-Cloud-in-Venezuela-4563862.html, Zugriff 09.02.2020.

Microsoft kommuniziert. SharePoint Online ist eines der stark fokussierten Produkte von Microsoft und wird stetig ausgebaut und erweitert, ideal für den Kundenkreis, der ein hohes Maß an Verfügbarkeit verlangt und zusätzlich die Cloudfunktionalitäten der Anwendung nutzen möchte.

Literaturverzeichnis

Catrinescu, V., Seward, T., (Search, 2019) Deploying SharePoint 2019 - Installing, Configuring, and Optimizing for On-Premises and Hybrid Scenarios, (2019), S. 151 ff.

Grasekamp, D. (SharePoint Hierarchie, 2011) Access 2010 und SharePoint im Team, (2011), S. 18

Paulke, S., Simons, S., Steimel, B. (Team Collaboration, 2008) „Kollaborieren oder Kollabieren?" Team Collaboration in der Enterprise 2.0, (2008), S.15

Ruf, W., Fittkau, T., (IT-Projektmanagement, 2008) Ganzheitliches IT-Projektmanagement: Wissen, Praxis, Anwendungen, (2008), S. 31

Internetquellen

DELL EMC (Datensicherheit, 2018): GLOBALER DATA-PROTECTION-INDEX,
    <https://www.delltechnologies.com/content/dam/uwaem/production-design-as
    sets/en/gdpi/assets/infographics/country/dp_inf_gdpi_infographic_ger
    many_de.pdf>(2018) [2020-02-12]

Golubenko, Sergey (Implementierung, 2019): The Strategy of Successful SharePoint
    Implementation <https://www.scnsoft.com/blog/sharepoint-implementation-
    guide>(2019-03-27) [2020-02-02]

Integrated Systems Management Inc (Historie, o. J.): Release History and Roadmap,
    <https://www.ismnet.com/sharepoints-progression-creating-perfect-balance-in-
    the-world/>(o. J.) [2020-02-14]

itBank (Vorteile, o. J.): Die zehn wichtigsten Vorteile von Microsoft SharePoint,
    <https://www.engelsinfo.de/downloads/SP2010_10Vorteile.pdf>(o. J.)
    [2020- 02-04]

Maier, Thomas (Berechtigungen, 2017): Grundlagen SharePoint-Berechtigungen (7):
    Überblick über Einsatzzweck, Möglichkeiten und Beschränkungen,
    <https://sharepoint360.de/grundlagen-sharepoint-berechtigungen-7-
    %C3%9Cberblick-%C3%BCber-einsatzzweck-mglichkeiten-und-beschrnkun
    gen/>(2017-01-26) [2020-02-12]

Maier, Thomas (Exploreransicht, 2017): Explorer Ansicht Vorteile und Nachteile,
    <https://www.sharepoint-schwabe.de/explorer-ansicht-vorteile-und-nach
    teile/>(2017-03-20) [2020-02-09]

Microsoft Corporation (Externe Daten, o. J.): Introduction to external data, <https://sup
    port.office.com/en-us/article/introduction-to-external-data-676e60e7-d99f-463f-
    a173-65e9d63538c0#__toc353550780>(o. J.) [2020-02-19]

Microsoft Corporation (Navigation, o. J.): Anpassen der Navigation auf Ihrer Share
    Point-Website <https://support.office.com/de-de/article/anpassen-der-naviga
    tion-auf-ihrer-sharepoint-website-3cd61ae7-a9ed-4e1e-bf6d-4655f0bf25ca>
    (o. J.) [2020-02-02]

Microsoft Corporation (Versionen, o. J.): SharePoint Online-Optionen vergleichen,
    <https://products.office.com/de-de/sharepoint/compare-sharepoint-plans>(o. J.)
    [2020-02-16]

Microsoft Corporation (Webparts, o. J.): Verwenden des Code Ausschnitt-Webparts,
    <https://support.office.com/de-de/article/verwenden-des-code-ausschnitt-web
    parts-d16d5aac-3e43-4d4d-aef3-d0ddbca64c05>(o. J.) [2020-02-09]

Microsoft Corporation (Workflow, o. J.): Einführung in den SharePoint-Workflow, <https://support.office.com/de-de/article/einf%C3%BChrung-in-den-sharepoint-workflow-07982276-54e8-4e17-8699-5056eff4d9e3#bm1>(o. J.) [2020-02-04]

Microsoft Corporation (Framework, 2018): Übersicht über das SharePoint-Framework, <https://docs.microsoft.com/de-de/sharepoint/dev/spfx/sharepoint-framework-overview>(2018-01-08) [2020-02-02]

Microsoft Corporation (IRM, 2018): Set up Information Rights Management (IRM) in SharePoint admin center, <https://docs.microsoft.com/de-de/microsoft-365/compliance/set-up-irm-in-sp-admin-center>(2018-06-29) [2020-02-12]

Microsoft Corporation (DataLossPrevention, 2019): Schritt 5: Konfigurieren von Office 365 Data Loss Prevention, <https://docs.microsoft.com/de-de/microsoft-365/enterprise/infoprotect-data-loss-prevention>(2019-09-19) [2020-02-12]

Microsoft Corporation (Beschränkungen, 2020): SharePoint-Beschränkungen, <https://docs.microsoft.com/de-de/office365/servicedescriptions/sharepoint-online-service-description/sharepoint-online-limits>(2020-02-01) [2020-02-02]

Microsoft Corporation (AdminCenter, 2020): Erste Schritte mit dem neuen SharePoint Admin Center, <https://docs.microsoft.com/de-de/sharepoint/get-started-new-admin-center>(2020-02-14) [2020-02-18]

Microsoft Corporation (Aufbewahrungsrichtlinien, 2020): Übersicht über Aufbewahrungsrichtlinien, <https://docs.microsoft.com/de-de/microsoft-365/compliance/retention-policies>(2020-02-18) [2020-02-18]

Rauhöft, Christoph (Workplace, 2012): Konzeption und prototypische Implementierung eines Social Workplace 2020 auf Basis von MS SharePoint 2010, <https://opus.hs-offenburg.de/frontdoor/deliver/index/docId/149/file/Masterthesis_Christoph_Rauhoeft_173206.pdf>(2012-09-19) [2020-02-04]

Rusche, Christian (Datenmenge, 2019): Datenmenge explodiert, <https://www.iwd.de/artikel/datenmenge-explodiert-431851/>(2019-06-07) [2020-02-01]

softwareONE (Vergleich, 2017): SharePoint Online und On-Premises im Vergleich, <https://www.softwareone.com/de-de/blog/artikel/2017/09/15/sharepoint-online-und-on-premises-im-vergleich>(2017-09-15) [2020-02-10]

Tremmel, Sylvester (Adobe, 2019): Adobe drohte die Abschaltung seiner Creative Cloud in Venezuela, <https://www.heise.de/ct/artikel/Adobe-drohte-die-Abschaltung-seiner-Creative-Cloud-in-Venezuela-4563862.html>(2019-11-01) [2020-02-09]

WinTotal (Möglichkeiten, 2015): Für wen eignet sich Microsoft SharePoint?, <https://www.wintotal.de/fuer-wen-eignet-sich-microsoft-sharepoint/> (2015-06-21) [2020-02-09]